Naturgedichte

Dr. Martin Kreuels

Vorwort

Viel können wir aus der Natur lernen. Wir sind Teil der Natur. Wir leben in ihr. Wir sind die Natur. Vieles vermischt sich. Es gibt Übergänge, Überlagerungen, fließende Grenzen zwischen Tieren, Pflanzen und uns. Sinnbilder kommen aus dem einen Teil, fließen in den anderen ein und färben Dinge neu. Stellvertreter entstehen, teilen sich auf, verteilen sich auf beide Bereiche und am Ende stehen wir wieder am Scheideweg.

Wir sind diejenigen, die nicht in der Lage sind, einvernehmlich und nachhaltig miteinander zu leben. Unsere Unfähigkeit spiegelt sich in der Natur wider.

Sie richtet den Finger auf uns. Sie regt an, einmal über Dinge nachzudenken. Und sie beleuchtet unsere Gesellschaft mit ihren Regeln, sozialen Strukturen und Ausbrüchen.

Wir müssen kritischer argumentieren, hinterfragen und Position beziehen. Die Auseinandersetzung mit dem Thema kann Situationen ändern, wenn wir den Mut haben.

Heute leben wir in einer Gesellschaft der Abnicker. Wir schlucken und saugen auf. Wir sind Säuglinge, die Dienstleistungen sogenannter Experten aufsaugen. Wir sind nicht mehr in der Lage selber zu bestimmen, zu sagen, was wir wollen. Wir meinen das zu wollen, was uns vorgesetzt wird. Für Meinungsmacher jeglicher Couleur sind wir Stimmvieh um ihre Interessen durchzusetzen gegenüber denen, die noch mehr Einfluss haben. Wo ist unser Selbstbewusstsein? Wo stehen wir heute? Warum haben wir unsere Stimme verloren?

Schmetterling

als kleine raupe geboren
frisst du dich durch die pflanzen
unscheinbar, übersehen, unsichtbar

irgendwann verschwunden
hängst du in deinem kokon
komplette verwandlung

nicht wieder zu erkennen
aber sichtbar
weil du uns entgegen fliegst

Dompfaff

roter bauch
schwarze stirn
leiser ruf
unauffällige auffälligkeit

tropisches aussehen
meist zusammen
mit dem weibchen
ehepaar

samen auf dem boden
picken
beobachten
ängstlich

beobachtung
nur mit ruhe
mit zeit
unbeweglich

Eisbilder

wasser
in bewegung
wellen
fließende zeit

winter
kälte
blätter fallen
wasser steht

zeit
langsame bewegung
bis durch stillstand
eis entsteht

die zeit
eingefroren
bewegung unterbleibt
gefrorene handlung

eiszeit
stille
ruhe
warten

stillstand
nur äußerlich
innerlich
regeneration

ungeduld sinnlos
hektik nicht vorhanden
nicht möglich
bis zum frühling

umdenken möglich?

Natur vs. Technik

maschine
tausende teilchen
hunderte menschen
entwicklungen

industrie, hallen
computer
weltweite vernetzung
zulieferer überall

staaten, konzerne
wirtschaft
umsätze
arbeitsplätze weltweit

wirtschaftsmacht
statistiken
abhängigkeiten
politik

zahnräder
drähte
metall und plastik
schläuche

forschung
technologie
labore
experten

treibstoff
antriebsverbrennung
steuerungen
geschwindigkeiten

gesellschaft
besuche
warentransporte
mobilität

und doch
stillstand
durch eine spinne
seidener faden
vor einem ventil

Der Regenwurm hasst den Regen

wenn es regnet
sich seine gänge mit wasser füllen
er um luft ringt
und nach oben kommt

jetzt ist er dem licht ausgesetzt
ihn verbrennt
ihn austrocknet
ohne schutz

er hat kein fell
kein schneckenhaus
kein gespinst
kein versteck

und dann kommt die amsel
schnappt zu
ohne gedanken
und schluckt

was denkt er
wenn es dann dunkel wird
alles feucht ist
die luft stickig

und sich seine haut
auflöst
er verdaut wird

wann denkt er nicht mehr?
wann wird alles schwarz?

Grüne Pflanzen

jahreszeiten
abfolge von
wachstum, reifung
vergehen

der winter
ersehnt den frühling
der den warmen sommer
der den farbfrohen herbst
und der den stillen winter

was wäre
wenn aus dem kahlen winter
nicht der frühling würde
die bäume nicht grün würden
der boden braun bliebe
die vögel nicht singen würden
die insekten nicht zu den blumen fliegen würden

Amsel

schwarzer vogel
parklandschaft
sonne
singen

revier abgrenzen
weibchen suchen
nest bauen
paarung

brüten
eier drehen
wärmen
pausen, fressen

schalen brechen
hungrige mäuler
nackte unschuld
wollen umsorgt werden

futtersuche
hektische betriebsamkeit
nicht aufgepasst
windschutzscheibe

The Forest

tannenschonung
mooskissen
einzelne kräuter
stille, dunkelheit

tau auf den pflanzen
ein käfer steht still
eine amsel ruft
modrige luft

ein frauenschuh
verloren
ein kleid
zerissen

stille
eine meise ruft
der käfer läuft weiter
ein tropfen fällt

Waldweg

früh morgens
tau auf den blättern
sonnenstrahlen
lichtinseln am boden

leichter wind
kühle luft
vogelkonzert
der mensch noch müde

der waldweg feucht
modrig
mäuse auf dem weg
liegen auf dem rücken

Gewitter

dunkle wolken
stille, kein wind
die schwüle nimmt zu
fühlbar

es drückt
luft zum trinken
zäh wie kaugummi
wie sirup

dann ein blitz
ein donner
sturm
der alles davonbläst

reinigung
klärung
zunehmende leichtigkeit
trinkbare luft wird atembar

die schwüle geht
der donner wird leiser
die wolken heller
der wind weniger

die drückende schwüle
weicht der leichtigkeit

Landschaften

sanfte wellen
fließen
werden begrenzt
vom warmen schnee

nach den wellen
die ebene
endet im dunkel
einer schlucht

die sich öffnet
und in zwei wege
sich teilt
am horizont verschwindet

die landschaft offen
hell und weich
naturgewalten
im inneren

erzittern
die kleinen pflanzen
bilden sich
kronen auf den wellen

tau legt sich
auf die landschaft
der strom füllt
die schlucht

plötzlich wieder ruhe
der warme schnee
bedeckt die ebene
bringt dunkelheit allerorts

die wellen
laufen am strand auf
werden seichter
weicher

feuchter Wald

hohe buchen
alter wald
am hang
tau auf den blättern

nebel hängt
in den bäumen
kriecht
über den boden

ab und an
ein vogel
ruft
leise

ein knacken
neben mir
ein reh
erstarrt

Mückenfreitod

die mücke
summt
sirrt
gräßlicher ton

fliegt ins haus
wartet
auf die dunkelheit
bis wir schlafen

nähert sich uns
fliegt zum ohr
immer und
immer wieder

wartet auf den schlag
auf ihr ende
weil sie ihren krach
auch nicht erträgt

Laus

braun und dunkel
haare
so hoch wie bäume
ein wald

am körper
der boden warm
manchmal feucht
manchmal schuppig

der waldboden
bedeckt mit
abgestorbenem laub
die schuppen

das tier
hangelt sich
durch den wald
lautlos

prüft den boden
hangelt sich weiter
prüft
wieder

bleibt stehen
und bohrt
den boden
nach trinkbarem auf

Samen

samen im herbst
fallen zu boden
werden bedeckt
werden versteckt

keimen
im nächsten jahr
wachsen
gedeihen

sterben
und legen samen
wieder in die erde
immer und immer

Schlachtfeld

kriege
männer gegen männer
töten
im irrsinn des krieges

durchbohrte leiber
abgeschlagene gliedmaßen
das feld voller tote
kalter wind

zu viele gestorben
bis zum horizont
der tod
unbegehbares land

die leiber verschwinden
der herbst weht blätter
der winter bedeckt
die reste

das feld im frühjahr
die pflanzen
wachsen und blühen
das schlachtfeld bunt

bunter als im jahr zuvor
neue blumen wachsen
die arten haben sich gewandelt
neue farben überall

Herbstspaziergang

ein spaziergang
am morgen
durch den herbst
mit seinen farben

ist ein gang
durch ein ölgemälde
ohne öl-
aber mit nassem blattgeruch

Sonnenblumengeburt

frühling
triebe wachsen
knospen entstehen
blüten reifen

sommer
groß gewachsen
knospen öffnen sich
blüten strahlen

herbst
erste blätter welken
blütenblätter fallen
samen entsteht

blüten verwelken
pflanze stirbt
samen fällt
liegt auf dem boden

wird bedeckt
von der gestorbenen blume
bis die samen keimen
und leben beginnt

der tod des einen
ist die grundlage
die basis
für die weiterentwicklung

Stille

die stille
draußen
wird zur stille
im kopf

sie führt
zum stillstand
der gedanken
zur neuordnung

das chaos
der gefühle
der eigenen zeit
des selbst

und ist
damit
der neustart
für das denken

Treibjagd

ich sitze
im gras
neben mir
meine hennen

ich putze
mich
mein gefieder
will gefallen

sie lächeln
sind zufrieden
zwanzig küken
dieses jahr

stimmen
menschen kommen
orange
laut

wir ducken
uns
sind wachsam
leise

sie kommen
näher
lauter
oranger

meine hennen
rennen
rechts und links
ich warte

menschen
neben mir
starren
mich an

ich fliege
auf
hektisch
dort die hecke

meine idee
dahinter
sicherheit
ruhe

die hecke
erreicht
erleichterung
doch....

eine falle
dahinter
menschen
orange

es knallt
mein flügel
ich taumle
stürze ab

will landen
es versuchen
der boden
unkontrolliert näher

ich überschlage
mich
kein schmerz
die luft knapp

keine luft
die lunge
denke ich
getroffen

ich keuche
ein mensch kommt
seine hände
es knackt

ich stehe
neben mir
bin leicht
kein schmerz

dort
mein körper
fortgetragen
vom hund

ich frage mich
was jetzt
bin unentschlossen
sehe meine hennen

sie lächeln

Rassestandard

wir wollen
einen hund
gehen zum
züchter

dort
wir sind sicher
gibt es den
gesunden hund

wir irren
der hund
ein model
nach vorgaben

vorgaben
laut zuchtbuch
wie ein auto
wie eine porzellanpuppe

das tier
an sich
unwichtig
wertlos

die sprache
dazu
hatten wir
schon mal

wir sind
ge-heil-t

Blattfall

gewachsen
im frühjahr
ergrünt
ausgebreitet

geschüttelt
gerissen
geglitten
im wind

gestreichelt
vom gehenden reh
landeplatz für fliegen
staubbedeckt vom pollen

meine arbeit
gemacht
für meinen baum
ihn ernährt

nun bin ich
alt verbraucht
verändere mich
zeige alle farben

der wind
weht
die nächte
kalt

ich löse mich
lasse los
die aufgabe
erfüllt

ich falle
ins unbekannte
gleite
durch die luft

schaukle
und spiele
mit dem wind
der boden naht

ich liege
neue aufgaben
in neuer umgebung
für eine neue zeit

was kommt
weiß ich nicht
aber es ist nicht
zu ende

Schimmel

nebel
am strand
nur rauschen
sonst stille

ein schimmel
schnauft
läuft vorbei
verschwindet im nebel

wiehern
hufe schlagen
dann ruhe
die welle bricht

Der Igel auf der Straße

erdbeben
tsunami
brände
meteorit

menschen
geld
probleme
scheinbar wichtig

und auf
einmal
passiert etwas
nicht vorhersehbar

und die
probleme
unsere probleme
werden unwichtig

Nebelschnee

geschneit
nachts
in aller stille
bedeckt das land

neblig
nicht kalt
nicht warm
feucht, nass

regen
erst leicht
dann mehr
nebliger

zerschlägt
den schnee
löcher
kleine krater

schnee
aufgelöst
weiße decke
vergeht

matsch
der wald
tropft
regen verdoppelt

kahle äste
blattlos
wasserblätter
fallen

der boden
nass
schlammig
pfützen

nebel in der luft
regen in der luft
nasser schnee
nasse kälte

Fliege

die fliege
durch den raum
ans fenster
zum licht

sucht
futter
nahrung
energie

summt im fliegen
ein klicken
an der scheibe
ein summen

sitzen auf
dem fensterbrett weiß
umherlaufen
schnell

ein summen
im kreis
auf dem rücken
ein sterben

ruhe
die nahrung
nicht weit
mein teller

Märchen von der Unke

freundschaft
geben
um nicht
zu nehmen

kein tauschhandel
kein geschäft
sich mögen
teilen

die freundschaft
wie eine paar
unzertrennliche
vögel

stirbt der eine
geht auch der andere
weil sein teil
stirbt

Tauben

häuser grau
bergbau
industrie
stahl, feuer

häuser
eng
nebeneinander
kleine gärten

der himmel
bedeckt
von wolken
vom rauch

menschen
grau
lächeln
grobe hände

akzent unterschiedlich
neue heimat
wenig geld
harte arbeit

im garten
der schuppen
im keller
die werkbank

die wäsche
draußen
gelb
vom rauch

auf dem dachboden
ein stall
ein verschlag
gurren

tauben
federn
kot
körner

das dachfenster
geöffnet
sie fliegen
im kreis

kehren zurück
immer wieder
mal schneller
mal langsamer

er kennt
jede
mit namen
immer

Schottland

sanft gewellt
hügel
landschaft
leere

wind
der weht
immer
wie wolken

die landschaft
still
heidegrün
schattenlos

stille um mich
das gehen
nur schuhgeräusche
entlang am see

hier und dort
ein vogel
eine windböe
regen

bis zur küste
steinig
felsig
zerrissene wolken

das meer
vergangenes
fernsehrauschen
immer

Hund

raubtier
jäger
fleischfresser
tötet die beute

der mensch
nimmt den hund
integriert ihn
in die familie

familie
wird zum rudel
wolfsrudel
jagdgemeinschaft

auch schutz
für den hund
für die familie
heimat

gemeinschaft
für beide
gewöhnung
vertrauen

sein einstieg
in die familie
sichert ihm
den letzten platz

niemals
rudelführer
niemals
leittier

Learning to fly

er sieht
den abgrund
die tiefe
die kante

er läuft
zurück
nimmt anlauf
rennt

er springt ab
stürzt sich
in die tiefe
haltlos

er fliegt
wie ein adler
über seen
berge

die wälder
unter ihm
der fluss
vorbei

er ist leicht
wie ein vogel
seine freude
grenzenlos

bis es stoppt
der film
die freude
der aufschlag

Fliegenfischer

seine wathose
bis zur hüfte
eine mütze
auf dem kopf

er steht
im wasser
zwischen steinen
das wasser nicht tief

die sonne
schon
orange rot
der himmel

das licht
in seinem gesicht
nicht blendend
aber malend

seine angelrute
seine leine lang
am ende
der köder

er holt aus
wirft nach vorn
die leine
in zeitlupe

fliegt über
dem wasser
taucht ein
wird gezogen

die rute
weht nach hinten
der angler
ohne glück

Vegan

kein fleisch
nichts vom tier
verzicht
nur pflanzen

eigener wunsch
vielleicht kein
geschmack
ekel

vielleicht
tierliebe
beachtung
des organismus

vielleicht missionar
aber
warum steht
tier über pflanze

warum sind wir
teil der natur
haben wir
zähne für beides

warum
steht das auto
vor dem haus
der kühlergrill als friedhof

Die Haselrute

dem zufall
folgt der irrglaube
der mythos
der bleibt

die natter
ohne gift
war der auslöser
für den schutzgedanken

die natter
ohne gift
war die meise
auf der hand

sie hatte angst
weil gott
fast auf sie
getreten wäre

Das Waldhaus

tiere
menschen
wichtigkeit
stellenwert

der mensch
über dem tier
macht
nahrung

lebewesen
einer welt
eines lebensraumes
einer natur

gottes gebot
der menschen
wahrheit
leidbild

liegt die
wahrheit
im gegenteil
der mensch als schabe

Die treuen Tiere

der hund
der begleiter
in guten und
schlechten zeiten

schaut auf
mit treuem blick
zum herrn
dem rudelführer

der ihm zeigt
was zu tun
ihm schutz und
obdach bietet

Eisberg

ich gehe
klettere
auf den
eisberg

meine hände
frieren
rutschen ab
am eis

ich erreiche
die spitze
halte mich
steige hoch

atme durch
schaue
mich
um

lange
atemlos
mein atem
nur dampf

um mich
herum
alles weiß
konturlos

Schneeblume

die blume
am fenster
im winter
früh morgens

sie wächst
bei kälte
und stirbt
bei wärme

Küste

düne
sand
strandgut
schaum

die wellen
rollen
schäumen
spritzen

schnaufen
blau
an den
strand

wiederholung
der wiederholung
immer wieder
neu

muschelschalen
gebrochen
leer
nur gehäuse

eine qualle
flach
beraubt
ihrer form

der strand
die grenze
des meeres
das ende

Sturm

ein rauschen
von ferne
näher kommend
lauter werdend

die gräser
biegen sich
im wind
im sturm

die äste
schwingen
die blätter
rauschen

werden abgerissen
fortgeweht
wie seelen
einfach so

Die sieben Raben

7
70
700
7000

sie sitzen
im baum
schwarze
gestalten

fliegen
im schwarm
schätzing
grüßt

treffen
im winter
kalte
freude

die familie
wieder
vereint
für wochen

Spinnen

sitze
museumsmaterial
gebe
daten ein

datenbanken
herkunft
fundort
funddatum

gehe
zurück
in die
vergangenheit

orte
an denen
die spinnen
lebten

gefangen
getötet
in alkohol
begraben

ein glas
ein etikett
der tot
für die ewigkeit

orte
an denen
wir waren
urlaube

reisen
gemeinsame
zeiten
damals

heute
bist du
auch tot
wie die spinnen

konserviert
in meiner
seele
für die ewigkeit

Baumkrebs

knorriger
baum
hohes alter
viel gesehen

stürme
kälte
kriege
liebende

schnitte
in der rinde
spuren von
menschen

die rinde
gebrochen
geschwüre
eimergroß

unbehandelt
ohne medizin
ohne eingriffe
unbeseitigt

er wächst
weiter
ungestört
schaut weiter

der krebs
erst bösartig
wenn wir
eingreifen?

will er
leben
auf unsere
kosten?

unser tod
auch sein
tod
unsinnig für ihn?

Schneewittchen

der gockel
der herumstolziert
ist blind
für die gefahr

sieht das auto
nicht
sieht nur
die henne

die ihn
anlächelt
belächelt
das auto blutig

Mond

kalt
fliegt der wind
die wolken schnell
düster die nacht

sie steht
am fenster
das haar
offen

der mond
voll
wie silbriges
glas

der wolf
in ihr
heult
ins licht

Zecke

die zecke sitzt
auf meinem hoden
sticht und kratzt
und juckt mich oben

ich zieh sie raus
will sie vernichten
das licht wird einen
roten fleck belichten

die zecke tot
ihre kinder leben
in mir drin
will ihr vergeben

Der Hund und der Sperling

die krux
des menschen
der zorn
der ärger

die unkontrollierte
wut
im kopf
körpersteuerung

morden
schlagen
begründung
egal

den tieren
fremd
obwohl selber
säugetiere

Waidmannsheil

der jäger
schießt
das wild fällt
blutet nach

ein hallali
eine strecke
schulterklopfen
eichenblatt im maul

der schuss
für den naturschutz
gelogen
vorgeschoben

das töten
der trieb
der spaß
an der waffe

menschliches verhalten
natürlich
das gebiss
eines allesfressers

Der Wolf und der Mensch

größenwahn
raffen
der größte sein
der rest fressbar

konzerne
schlucken
drücken
vernichten

der kleine
übersehbar
der einzelne
unwichtig

der krebs
im schwarm
wird geschluckt
vom blauwal

der wal
verhungert
der krebsschwarm
versteckt

Netzdimensionen

bisher zweidimensional
spinnennetzartig
eine ebene
naturgleich

überwachung
wächst
das netz
wird dreidimensional

wir werden
eingewickelt
bis zur
bewegungslosigkeit

die freiheit
verschwunden
weg
versponnen

wir sind
gelähmt
regungslos
todeslinie

bisher
irdisch
menschengemacht
konzerngesteuert

zukünftig
vierdimensional?
der zeit
unserer geschichte
beraubt?

Die Folterin

still sitzt sie
bewegungslos
wartend
schauend

dann
eine bewegung
die maus
vor dem loch

sie springt ab
lautlos
die vorderpfoten landen
der mäuserücken bricht

sie beißt zu
vorsichtig
blut fließt
will nicht töten

die maus
schlägt auf
beine brechen
immer wieder

die zunge
hängt raus
schweres atmen
brutaler schmerz

die katze
spielt weiter
die maus
sagt nicht die wahrheit

Gruppensex

junge teenager
jungen, mädchen
keine erfahrungen
treffen im partybereich

fallen übereinander her
triebgesteuert?
scheinbare hemmungslosigkeit
rote wangen

am ende
säfte ausgetauscht
enttäuschungen
intimität verloren

private erfahrungen
geteilt
im see
zwischen anderen kröten

Das kluge Gretel

die beute
schon tot
liegt im sand
gährt

er davor
leichtes glück
will genießen
zuviel des guten

die kinder
kommen
haben hunger
der löwenvater noch nicht satt

leichte Verwahrung

der adler
am berg
kreist
schaut

sieht
von oben
das murmeltier
unten

stösst
herab
ungebremst
tötet es

nicht hunger
präventiv
weil es den
käfer fressen wollte

Der Wolf

große schrift
er ist tot
das ungeheuer
der teufel

kleine schrift
fehler im atomkraftwerk
busunfall auf autobahn
vergewaltigte frau verbrannt

mutter tötet kinder
ehemann erschießt ehefrau
autobombe in kairo
buschfeuer in australien

aber er ist tot
welch erleichterung
welch erfolg
die menschheit gerettet

Besprungen

dort im wald
auf der lichtung
stehen sie
willige kühe

der zwölfender
beobachtet
hält zusammen
nimmt

der wilde neue
herdenlos
spürt seine kraft
die bebenden lenden

will verdrängen
den alten
gereiften
besitzer

er stößt
in die gruppe
der alte wehrt sich
irgendwo in brünn

Ukraine

zwei löwen
brüllen
schreien
sich an

wer gewinnt
wer siegt
übernimmt
die macht

führer wird
der geführt wird
von außen
von uns

die löwen
wie schachfiguren
im weltspiel
der natur

eingewandert

irgendwo aus
afrika
naher osten
losgelaufen

das meer
überquert
nicht
abgesoffen

eingewandert
in ein bergdorf
in den alpen
gewachsen

unverändert
seit hunderten von
jahren
immer gleich

sich angesiedelt
etwas verdrängt
den heimischen
gesell

dort existenz
gegründet
beobachten, bekämpfen
kritisch

die gelbe blüte
ausgefahren
um die sonne zu
sehen

die wurzeln
im neuen boden
reingesteckt
zum wachsen

ausgetrickst

einer geht
voran
gerüchte
worte

gefahren drohen
es geht um
mehr
um alles

gefahr
von leib und leben
von existenz
und heimrechner

melden
testen
abgeben
prüfen lassen

wie lemminge
keine nahrung
sagt einer
geht suchen

ich gehe vor
lauft mir nach
ich rette euch
entkommt der gefahr

bis zur klippe
ihr fallt
ertrinkt
im meer

der sager
steht hinten
lächelt
gewinnt

die anderen
blind
durch worte
durch geschürtes

Gene

fortschritt
veränderung
einfluss nehmen
auf uns

verbesserung
gegen krankheiten
gebrechen
körperlichem mangel

der zellkern
als informationskern
steuerung
des körpers

einschleusen
von codes
dns
informationen

eingriff für
neuerungen
die natur aber
ist konservativ

braucht lange
veränderungen
nur langsam
ganz langsam

wir zu schnell
schlampig
undurchdacht
unfähig

Welle

alles glatt
silbrig glänzend
still, ohne ton
ohne orientierung

von irgendwo kommt eine lufthauch
irgendwo entstand er
der grund ist unbekannt
unwichtig

kraft wächst
türmt sich auf
formt linien
rollt, läuft los

reißt mit
zermalmt
zerstört
unbremsbar

zum wasserberg gesellt sich der ton
begleitet ihn
untermalt seine kraft
kraft und posaunenchor

dann ein kleines ereignis
die kraft wird instabil
beginnt zu schwanken
bricht, schlägt über, stirbt

und das nur, weil
ein paar sandkörner
sich sanft ansteigend
zusammengelegt haben

das ufer

Knospen

die sonne
scheint
warm
hell

braune bäume
treiben knospen
grüne spitzen
an zweigenden

alles beginnt
neu
lebt
wächst

erinnerungen
an vergangenes
treiben nicht
neu

stehen
unverändert
bleiben
bewegungslos

kontrast
im leben
ewige
wiederkehr

unverständlich
für uns
wir lebenden
der wiederholung

vergangenes
abgeschlossen
starr
hart

gegossen
aus grauem
beton
steinhart

Am Rieselfeldhof

kleines cafe
schauteich
altes bauernhaus
stadtrand

gänse
auf dem teich
wege durch
obstbaumwiesen

ruhe
ich sitze
höre die
natur

dazwischen
menschen
die hunde
anschreien

der hund
wird für
den stadtgebrauch
erzogen

Regenbogenland

ich sitze
im auto
regen prasselt
auf die scheibe

der blick
zum haus
bunte mauern
fröhlicher anblick

der regenbogen
nicht am himmel
am haus
der himmel grau

die leichtigkeit
ist hier
im haus
der sterbenden kinder

Dr. Martin Kreuels

Kurzvita

1969 in Kevelaer geboren
bis 2009 Arachnologe
seit 2009 Fotograf und Schriftsteller

Bücher

In meiner Trauer (2010) - Gedichte
17 Jahre wir (2012) - Biografie
17 years we (2013) - Biografie
Puppen und die sieben Todsünden (2013) - Katalog
verdrängte Gedanken (2014) - Gedichte
Männer trauern anders (2014) - Sachbuch
Selbsthilfe (2014) - Sachbuch

Kontakt

www.fotografie-kreuels.de

Impressum

© 2014 Text, Cover, Layout: Dr. Martin Kreuels
(www.fotografie-kreuels.de)
Herstellung und Verlag: BoD - Books on Demand,
Norderstedt
ISBN 978-3-7357-2132-7